Yf 8799

COUP-D'OEIL

RAPIDE

SUR LES SPECTACLES

DE PARIS.

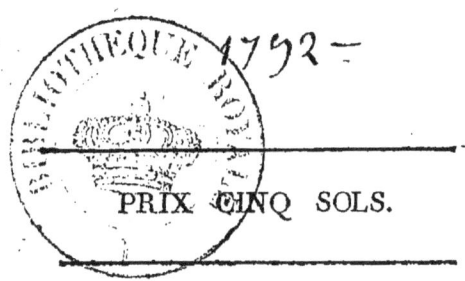

PRIX CINQ SOLS.

A PARIS

Chez les Libraires qui vendent des Nouveautés.

COUP-D'OEIL RAPIDE

SUR LES

SPECTACLES DE PARIS.

A MON AMI, M. de ✱ ✱ ✱.

GRAND SPECTACLE NATIONAL

AUX THUILERIES.

Ce grand théâtre est un tripot comique,
Qu'on renouvelle à neuf, tous les deux ans ;
Dont chaque acteur, par notre République,
Est soudoyé, chaque jour dix huit francs :
Pour nous, BON PEUPLE, assis aux derniers rangs,
Troupe futile en tous tems rebutée,
Par nous d'en bas la pièce est écoutée ;
Quoique payant, utiles spectateurs,
Lorsque la farce est mal représentée
On nous défend de siffler les acteurs.

OPÉRA

Le théâtre de Paris le plus cher, après le grand spectacle national ; l'inimitable Saint-Huberty, en dédaignant le trône qu'elle y occupait, nous occasionne tous les jours de nouveaux regrets; quoique nous pensions constitutionellement, que le délai pour y remonter soit expiré, nous n'en prierons pas moins, le plus alerte et le plus leste de tous les princes ailés qui voltigent dans cette atmosphère céleste, le demi-dieu Vestris, de ramener une actrice sublime, dont le gout pour les voyages préjudicie autant à nos plaisirs.

O toi, l'enfant chéri de Terpsicore,
Vestris, de jour en jour plus surprenant encore,
Sur l'aile des Zéphirs, ramène sur tes pas
Notre divine Melpomène;
Qu'elle revienne au sein de ses états
Etonner de nouveau les rives de la Seine :

THÉATRE DE LA NATION
près le Luxembourg.

La tragédie y est plus que médiocrement jouée; mais en revanche il est difficile de mieux rendre la comédie : vous verrez encore, avec le plus grand plaisir, l'Anacréon de ce théâtre (l'ettonnant Molé,) qui, ainsi que le vieillard de Théos, vous intéressera comme dans son printems : je ne vous dirai rien de Mesdemoiselles Contat et Joli et de MM. D'azincourt et Fleury, dont les talens sont généralement connus, et qui acquièrent tous les jours de nouveaux droits à la reconnaissance du public.

Je viens de voir Larive reparaitre sur ce théâtre, dans le rôle de Spartacus :

<blockquote>
Maître de son amour comme de sa colère,
C'était encore SPARTACUS
Rendant Émilie à son père,
Et contre ses soldats protégeant les vaincus ;
Mais en présence de Crassus
Je n'ai vû qu'un homme ordinaire....
Envain j'ai cherché SPARTACUS.
</blockquote>

On donne aujourd'hui, sur ce théâtre, de petites piéces fort spirituelles, rendues on ne peut pas mieux, par de jolies actrices, que dans l'ancien régime on appellait DOUBLURES; vous ne manquerez pas, mon ami, de vous procurer, quand vous serez à Paris, la jouissance d'une de ces jolies DOUBLURES, (mademoiselle Mézerai), surtout dans la comédie des DEUX ÉSPIÈGLES où elle joue d'une manière si neuve, avec mademoiselle de Vienne, qui y remplit le rolle de Paulin ; je joins à mon apperçû sur ce théâtre une petite piéce de vers adressée à la première de ces actrices, pour vous donner une idée de l'opinion du public sur son compte.

Trop intéressante CLAIRETTE,
Tout semble combler tes desirs ;
Un petit espiègle qui guette
Jusques à tes moindres soupirs,
Une mere grande discrette,
Un sot pour tes menus plaisirs...
Mais sçais tu bien à quoi t'expose
L'amour de ce petit vaurien ?
Pour nous il ne lui manque rien,
Mais pour toi, CLAIRETTE, convien,
Qu'il lui manque encor quelque chose.

Pour moi, de ce petit lutin
Je me charge, quoiqu'on en glose ;
Pour toi, ma CLAIRETTE, et pour cause,
Chasse vite ce libertin,
Qui peut mettre une affaire en train,
Mais à qui pour la mettre à fin,
Manquerait encor quelque chose.

De Thalie, enfant trop gâté,
Du public que le charme entraîne
Reçois l'hommage mérité,
Embellis souvent notre scène ;
Oui, quand rébelle à nos desirs,
Le sort autrement en dispose...

Sois bien sûre qu'à nos plaisirs
Il manque encore quelque chose.

THÉATRE ITALIEN.

Théâtre d'une fécondité allarmante pour le bon gout ; vous vous hâterez, mon ami, d'y voir mad. du Gazon.

On se corrige une fois dans la vie ;
Il est un terme à tout... jusques à la folie ;
Enfin de la raison on doit subir les loix ;
Cette actrice aujourd'hui nous le prouve peutêtre?
Nous ne la voyons plus folle comme autrefois ;
Et jusqu'en NINA même, elle cesse de l'être.

THÉATRE DE MONSIEUR.

Quand vous aurez entendu, mon ami, Mesdames Morichelli et Baletti et MM. Mandini et Viganoni, vous conviendrez aisément qu'on n'a rien à reprocher à ces virtuoses, que la monotonie de la perfection ; c'est surtout de la signora BALETTI que l'on peut dire ce que L'ARIOSTE a dit d'un de ses héros.

NATURA IL FECE, È POI RAPPE LA STAMPA.

THÉATRE

DE LA RUE DE RICHELIEU.

Des talents ; peu d'ensemble ; vous y verrez cependant avec intérêt MÉLANIE ainsi que L'INTRIGUE ÉPISTOLAIRE, malgré les réminiscences de l'auteur de cette dernière pièce, dont il serait injuste de rendre les acteurs responsables.

Vous verrez aussi sur ce théâtre une demoiselle Simon qui promet beaucoup, et une dame Vestris qui ne tient pas tout ce qu'elle semblait promettre à ses débuts : j'oubliais de vous parler d'un joli farceur, dont les gambades et les cabrioles vous procureront d'agréables distractions.

C'est envain que JEANNOT se flatte
De l'emporter sur notre DUGAZON ;
Pour nous désopiler la râte
Il n'est rien tel que monsieur RIGAUDON.

THÉATRE MONTENSIER

AU PALAIS ROYAL.

Vous dire, mon ami, que sur ce théâtre on rencontre un BAPTISTE, c'est vous annoncer qu'on peut se flatter d'y posséder un bon acteur, qui vous fera le plus grand plaisir dans le rôle de M. DASNIÈRES.

On joue aussi sur ce théâtre, la tragédie ; mademoiselle Montensier a confié le poignard de Melpomène à mademoiselle Sainval l'ainée, mais à moins que d'être vraiment sourd, et par conséquent plus sourd que celui de L'Auberge pleine, je ne conseillerai point à qui que ce soit, d'aller entendre heurler cette actrice qui a survécû à sa réputation, et à qui on peut dire

> Jadis en te voyant paraître,
> Dans mon ame tu faisais naître
> L'effroi, le trouble et la terreur ;
> Jadis tu faisais des merveilles,
> Tes accens déchiraient mon cœur,
> Aujourd'hui... ce sont mes oreilles.

THÉATRE

DE LA RUE DE LOUVOIS.

Ce théâtre semble n'avoir existé, jusqu'à ce moment, que par le drame lyrique si touchant de Zélia ; on doit sçavoir bon gré à l'actrice qui remplit le premier rôle dans cette pièce, de chercher à imiter mad. Dugazon : elle ne peut certainement pas prendre un meilleur modéle : quand à l'ouvrage lui même, tous les gens de gout demandent, ainsi que moi, un autre dénoument. Zélia ne doit point survivre à une agonie aussi douloureuse pour elle que pour les spectateurs. Parvenue au dernier dégré de l'infortune, il faut qu'elle meure, où que Cécile, en périssant elle même, lui permette de vivre. Tout dénouement heureux dans un drame aussi déchirant, est un mauvais dénouement.

THÉATRE DU MARAIS.

Théâtre composé presque d'une seule famille, (de la famille Baptiste), organisée pour jouer la comédie, comme le fut par la nature le poisson pour nager, Brissot pour brissoter, la Harpe pour bien écrire, et Antoinette pour plaire.

THÉATRE DE MOLIÉRE.

Vous y verrez la salle, qui fait autant d'honneur au gout de l'architècte, que le choix des acteurs en fait peu au directeur de ce spectacle : on trouve cependant du naturel dans l'acteur qui rend sur ce théâtre la franchise et la loyauté de l'honnête député Gérard, dont le caractère ne s'est jamais démenti. (Chose qu'on n'a point vue, et qu'on ne verra plus.)

C'est là, que je te rencontre aussi, acteur jadis célèbre, qui as joui de l'honneur insigne de voir ton buste placé parmi ceux de nos grands hommes, et qu'aujourd'hui.....!

Sur ton compte on ne dit plus mot ;
Il n'est rien en cela d'étrange ;
En toi l'on chérissait Jeannot ;
Tu n'es plus que monsieur Volange.

THÉATRE COMIQUE ET LYRIQUE.

RUE DE BONDY.

Il paraît encor sur ce théâtre un Nicodème ; mais ce n'est plus celui, a qui m. Juliet prêtait une phisionomie vraiment plaisante et originale :

.........mon œil peu satisfait
Le cherche envain; oui, quoiqu'on puisse dire,
Il faut convenir en effet
Que le vrai Nicodème est celui qui fait rire.

THÉATRE DE LA GAIETÉ.

AUTREMENT DIT DE NICOLET.

Spectacle où ce qu'on appellait le peuple, sous l'ancien régime, ne se lasse point de courir, parceque peu difficile sur le choix de ses plaisirs, il en trouve chez Nicolet, dans tous les genres et à tout prix. On peut cependant distinguer à ce spectacle mademoiselle Cousin ; on trouve en elle le germe d'un talent aimable, qui n'attend plus qu'un grand théatre pour se déveloper.

THÉATRE DE L'AMBIGU COMIQUE.

Théâtre où l'on voit, plus que partout ailleurs, le gibier courir le chasseur : jolie petite salle, qui représente souvent un ensemble fort agréable des plus jolies filles de Paris.

THÉATRE DES ASSOCIÉS.

Ceux qui se sont réunis, il y a six mois, pour accaparer les sucres, les caffés et autres denrées coloniales, ont surement formé une société plus fructueuse que celle de M M. les associés, si toute fois M M. de saint Marçeau et de saint Antoine ne s'y opposent pas.

THÉATRE DU CIRQUE.

Affaire de spéculation de Ph. le R.., parconséquent spéculation, où, a son ordinaire, il a plus consulté son intérêt particulier que celui du public.

THÉATRE DU VAUDEVILLE.

Petit théâtre, que doivent alimenter des riens, des fadaises, des vaudevilles : il pourra cependant se soutenir, grace au génie de la nation.

Sur ce théâtre, enfin le bon peuple de France,
Peut respirer son air vraiment natal ;
Oui ; ce théâtre doit être par excellence,
Le théâtre national.

Lors de l'inauguration, quelques mauvais plaisans avaient placé sur le rideau cette inscription : AUGE PIIS INGENIUM : mais les justes appréciateurs du mérite de l'auteur de Nicaise et du Bonnet de Mercure, y substituèrent AUGE PIIS JUSTITIAM.

THÉATRE DES DÉLASSEMENS COMIQUES.

Excellentes intentions, qui se trouvent rarement remplies.

THÉATRE DE LA RUE St. ANTOINE.

De la rue saint Antoine !..... voilà une affiche que j'ai lue a la porte de ce spectacle. M M. on vous prie d'ôter vos bonnets et de ne pas faire vos ordures dans les loges.

THÉATRE DE LA LIBERTÉ
Foire saint Germain.

Je désire que l'art dramatique y reçoive sur ce théâtre des mains de sa patrone tous les avantages qui peuvent lui donner une nouvelle énergie....: comme le promet enfin a tous les théâtres et présens et futurs le calendrier des spectacles de Paris.

THÉATRE DES CHAMPS ÉLIZEES.

Après vous avoir, mon cher ami, fait commencer votre tournée dramatique par le séjour des furies, je ne pouvais pas mieux en agir avec vous sans doute, que de vous déposer dans les champs Élizées ; je vous conseille cependant de préférer ceux dont les talens réunis de GLUCK et de LEGROS nous ont fait croire la réalité.

Je finirai cet apperçu, mon ami, par quelques observations sur la façon de penser de l'auteur du calendrier des spectacles de Paris, qui, en bon patriote, croit que le civisme doit tenir lieu de talens, et qu'il n'est point d'époques plus heureuses que celle où l'influence d'un peuple libre, et les bienfaits de la concurrence ont multiplié les théâtres, où le génie des auteurs peut s'élever à sa hauteur, où le supplice de la censure est aboli etc. etc.

Je répondrai à l'auteur du calendrier qu'il me semble au contraire, et que l'expérience ne le prouve que trop, que la multiplicité des spectacles ne peut que nuire au progrès de l'art dramatique.

D'abord parceque les talens si nécessaires pour rendre les pièces des grands maîtres, doivent avoir un point de réunion, qui ne peut plus exister attendu la concurrence.

Ensuite parceque les acteurs, n'ayant plus besoin pour être applaudis, que d'être distingués par leurs patriotisme, ne se dohneront plus la peine de perfectioner leur art.

Si l'auteur du calendrier veut être de bonne foi, il conviendra que sous l'influence d'un peuple régénéré, comme le peuple Français vient de l'être, les spectacles doivent dégénérer nécessairement : le bon peuple qui conservera long-tems son heureux engouement pour la liberté, n'éxigera que des pièces de circonstance, où le génie des auteurs ne pourra s'élever qu'á la hauteur, que lui prescriront les amateurs de la rue Mouffetard et du fauxb. saint Marceau——le gout du vulgaire finit où celui des connaisseurs commence (DUPATY)

Mon opinion se rapproche plus de celle de l'auteur du calendrier des spectacles, relativement á la censure qu'on a abolie; elle était sans doute quelquefois un peu sévèrement exercée; mais, si c'était un supplice pour les gens de lettres d'être soumis à cette espèce de dictature, il faut convenir que c'en est un bien plus grand encor aujourd'hui, pour les gens honnêtes et délicats, de se voir assaillis de pièces de théâtre, où les mœurs ne sont pas plus respectées que les biénséances, et que sous l'ancien régime le gout sévère et éclairé d'un censeur n'eut jamais permis de paraître.

FIN

www.ingramcontent.com/pod-product-compliance
Lightning Source LLC
Chambersburg PA
CBHW071445060426
42450CB00009BA/2307